TEORIA DŁUGIEGO OGONA DLA BIZNESU

Znajdź swoją niszę i zabezpiecz swój biznes przed przyszłością

TEORIA DŁUGIEGO OGONA DLA BIZNESU

Znajdź swoją niszę i zabezpiecz swój biznes przed przyszłością

napisany przez Ariane de Saeger
przetłumaczony przez Kâmil Kowalski

50MINUTES.com

TEORIA DŁUGIEGO OGONA DLA BIZNESU

KLUCZOWE INFORMACJE

- **Na∑zwa:** teoria długiego ogona.

- **Zastosowanie:** pojęcie to odnosi się do wszystkich produktów oferowanych przez firmę, które sprzedają się tylko w kilku egzemplarzach, ale suma ich sprzedaży może przekraczać przychody uzyskane z produktów najlepiej sprzedających się. Jest to tożsame ze stwierdzeniem, że najpopularniejsze i najlepiej sprzedające się pozycje przyczyniają się jedynie do mniejszości obrotów, efekt masowości grający zdecydowanie na korzyść produktów bardziej zmarginalizowanych.

- **Dlaczego jest to skuteczne?** Włączenie takiej strategii pozwala firmie korzystać ze stałej sprzedaży z całego portfolio produktów.

- **Słowa kluczowe:**

  - <u>Bestseller</u>: sztandarowy produkt, któremu często przypisuje się wysoki budżet reklamowy, osiągający rekordowe przychody.

  - <u>E-commerce</u>: handel online (przez Internet).

  - <u>Koszt alternatywny</u>: wskazanie straty spowodowanej inwestowaniem zasobów w jedną funkcję bardziej niż w inną.

- Zysk: zysk finansowy z jakiegoś działania. Na przykład sprzedaż jest działaniem, które może przynieść zysk lub stratę.

- Rentowny: przynoszący nagrodę lub określony zysk.

- Statystyka: zbiór danych dotyczących grupy osób lub jednostek, pozwalający na obserwację tendencji.

- Obrót: skumulowana i zarejestrowana wartość – zwykle w okresie jednego roku – ze sprzedaży towarów i usług oferowanych przez przedsiębiorstwo.

WSTĘP

Teoria długiego ogona została wprowadzona w 2004 roku przez Chrisa Andersona (redaktor magazynu *Wired*, urodzony w 1961 roku) i wynikała z eseju napisanego przez Claya Shirky'ego (specjalista od nowych technologii informacyjnych i komunikacyjnych, urodzony w 1964 roku), który stwierdza, że niektóre blogi mają znaczną liczbę linków internetowych wskazujących na nie, podczas gdy większość blogów ma tylko bardzo małą liczbę linków wskazujących na nie.

Chris Anderson opiera się na tym myśleniu, próbując wyjaśnić obecne i przyszłe modele ekonomiczne (jako część gospodarki cyfrowej). Opisuje jak, jego zdaniem, wszystkie produkty o niskim popycie mogą wspólnie generować znaczne obroty.

Jednak to właśnie pojawienie się i coraz szersze zastosowanie technologii cyfrowych umożliwia model ekonomiczny długiego ogona: przedsiębiorcy, którzy korzystają z bardzo niskich kosztów przechowywania, czasem zerowych lub "wirtualnych", przy wprowadzaniu na rynek produktów cyfrowych (e-książki, filmy online, muzyka itp.), mogą teraz oferować szeroki katalog online, co różnicuje podaż i cieszy tych, którzy preferują aktywa marginalne.

DEFINICJA MODELU

Długi ogon to koncepcja ekonomiczno-statystyczna, która ilustruje rozkład obrotów firmy dla wszystkich jej produktów, w tym produktów najbardziej popularnych – "bestsellerów" – jak również produktów bardziej specyficznych i marginalnych. Jest to zatem narzędzie do opracowywania strategii handlowych i marketingowych.

Model składa się z dwóch elementów:

- "głowa", charakteryzująca się ograniczoną liczbą produktów popularnych lub o wysokim popycie, z których każdy generuje wysoki wskaźnik sprzedaży;

- "ogon", charakteryzujący się dużą liczbą produktów niszowych lub o niskim popycie, z których każdy generuje niski wskaźnik sprzedaży.

TEORIA

Teoria długiego ogona została spopularyzowana przez Chrisa Andersona po analizie kilku serwisów e-commerce, takich jak Amazon (zwłaszcza w przypadku książek), Rhapsody (pobieranie muzyki online), eBay (produkty używane) i Netflix (streaming filmów). Ten bystry analityk rzeczywiście zauważył w badanych przypadkach, że sprzedaż najpopularniejszych przedmiotów stanowiła jedynie część całkowitego obrotu: czyli rentowność sprzedaży nie zależy tylko od czołowych pozycji. Aby wykazać to zjawisko, napisał swój bestseller *The Long Tail*.

Od samego początku nowa koncepcja rzuciła wyzwanie wielu strategiom biznesowym i modelom ekonomicznym, ponieważ autor twierdzi, że czasami bardziej opłaca się nie tylko sprzedawać bestsellery; argument, który z pewnością jest poparty dowodami.

SKŁADNIKI

Długi ogon: "głowa" i "ogon"

Zarówno w ujęciu statystycznym, jak i strategicznym, koncepcja ta jest często przedstawiana w postaci wykresu, który pokazuje sprzedane produkty na osi poziomej (X) oraz liczbę sprzedaży na osi pionowej (Y).

Niebieska część – "głowa" – pokazuje, że tylko kilka pozycji generuje rekordową liczbę sprzedaży, natomiast żółta część – "ogon" – pokazuje, że większość produktów jest sprzedawana w bardzo małych ilościach.

Zasada 80-20 i długi ogon

Zasada 80-20, znana również jako Zasada Pareto, która twierdzi, że 80% obrotów jest generowanych przez sprzedaż 20% produktów, jest poddawana w wątpliwość przez teorię długiego ogona. W rzeczywistości Chris Anderson dowodzi, że zasada 80-20 ma zastosowanie jedynie w przypadku rynków niszowych, które nie zostały w pełni wykorzystane.

Dzisiaj, dzięki NITC (nowej technologii informacyjnej i komunikacyjnej), możemy zmniejszyć skalę produkcji, zróżnicować towary i wykorzystać nowe technologie informacyjne, aby skorzystać z korzystnych kosztów magazynowania. Ponadto, dzięki wyszukiwarkom, wybór konsumenta jest ułatwiony, a gama oferowanych produktów pozwala konsumentowi znaleźć to, czego szuka. Wszystkie te produkty o niskim popycie na rynku niecyfrowym stają się w skali Internetu – a więc w skali globalnej – produktami posiadającymi wielu odbiorców. Produkty te mogą być wówczas równie korzystne dla obrotu, jak produkty popularne, a nawet odwrócić zasadę 80-20.

Przed radykalnym obaleniem teorii takiej jak teoria Pareto, trzeba najpierw być w stanie wykazać, że wszystkie wewnętrzne zasady teorii nie mają już zastosowania, gdy zmienia się kontekst. Według Andersona, gdy wszystkie ograniczenia podaży i popytu zostaną wyeliminowane, a konsument będzie miał dostęp do wszystkich produktów, długi ogon wykreśli się automatycznie.

Rzeczywistość okazuje się jednak znacznie bardziej złożona: nie chodzi o to, że rynek ignoruje atrakcyjność długiego ogona, ale raczej rynek docelowy nie pozwala na korzystanie z jego dobrodziejstw. Dotyczy to produktów, na które popyt jest bardzo niski i w przypadku których trudno zoptymalizować koszty (koszty logistyki, komunikacji itp.). Zasadę 80-20 można zanegować tylko w przypadku niektórych rynków i produktów: tych, które są cyfrowe. Z tej rzeczywistości korzystają przede wszystkim rynki IT.

 ## W PODSUMOWANIU

Produkty, o których mowa w teorii długiego ogona, to zasadniczo produkty, które można poddać cyfryzacji, takie jak książki, muzyka, filmy itp. Jak stwierdzono wcześniej, w przypadku niektórych dóbr – np. żywności – trudno jest korzystać z nieodłącznych zalet produktów cyfrowych.

Dlatego zakłada się, że firmy o modelu biznesowym takim jak długi ogon opowiadają się za dywersyfikacją i cyfryzacją swoich produktów.

Zjawisko długiego ogona zakłada, że zdigitalizowane przedmioty poprawiają rentowność poprzez zmniejszenie kosztów. Na tendencję spadkową wpływa kilka kosztów, z którymi borykają się przedsiębiorcy. Są to głównie koszty związane z produkcją, magazynowaniem i dystrybucją.

- **Produkcja.** Model biznesowy firmy cyfrowej opiera się na intensywnym wykorzystaniu danych generowanych przez użytkowników. Dzięki temu, że użytkownik jest traktowany jako producent danych, firmom cyfrowym udaje się osiągnąć bardzo wysokie stopy zwrotu. To właśnie skuteczne przetwarzanie i wykorzystywanie tych danych jest sednem cyfrowej przyszłości. Wielu ekspertów wskazało konsumenta jako kluczowy element cyfrowego łańcucha produkcyjnego. Dawniej firmy mogły produkować wewnętrznie lub zewnętrznie, zlecając część procesu produkcyjnego na zewnątrz. Teraz pojawia się nowa alternatywa, którą jest darmowa praca wytwarzana przez użytkownika. Dzieło to jest tworzone przez dobrowolnych współtwórców treści. Trzecią możliwością jest umożliwienie użytkownikom wzajemnej pomocy bez ingerencji pracowników, poprzez udostępnienie platformy (forum). W ten sposób, oprócz przetwarzania danych, gospodarka cyfrowa ma "koprodukcję" lub "wspólną produkcję" z użytkownikiem, co pozwala na ukierunkowaną produkcję i potencjalnie wysoką rentowność. Podsumowując, gospodarka cyfrowa pobiera dane użytkowników, analizuje je, przekształca w konkretne potrzeby i oferuje usługę lub produkt, który na nie odpowiada. Należy pamiętać, że dane osobowe użytkowników i brak ram prawnych dla tych danych mogą potencjalnie prowadzić do nadużyć.

- **Magazyn centralny czy magazyn współdzielony. Zapasy** nigdy nie są nieistniejące, ale mogą być znacznie ograniczone w ramach gospodarki cyfrowej. Amazon, na przykład, stworzył "cyber stock": produkty są magazynowane w sklepach partnerskich, a jednocześnie oferowane i sprzedawane online. Dzięki tej strategii gigantowi udało się przechowywać swoje produkty w milionach sklepów bez ponoszenia kosztów. Innym ciekawym przykładem są cyfrowe zapasy wykorzystywane przez iTunes w celu zmniejszenia kosztów magazynów, opakowań, personelu, zarządzania itp.

- **Zróżnicowana dystrybucja.** Aby skutecznie wykorzystać teorię długiego ogona, należy zaoferować konsumentowi różnorodne kanały, za pomocą których może otrzymać produkt; jedni wolą kupować online, inni wolą iść do sklepu. Im bardziej zróżnicowane kanały dystrybucji, tym więcej konsumentów będzie zadowolonych i tym większa będzie sprzedaż.

Cyfryzacja przynosi korzyści zarówno sprzedawcy, jak i konsumentowi:

- Sprzedawcy nie muszą już korzystać z pośredników, jak to często bywa w przypadku dystrybucji na dużą skalę. Dlatego ich marża zysku jest wyższa.

- Jednostka konsumująca masowe produkty cyfrowe na różnych poziomach (filmy, muzyka, treści, oprogramowanie itp.) w pełni docenia różne kanały dystrybucji i różnorodność wirtualnych i/lub konkretnych produktów;

- Podaż i popyt spotykają się w sprzyjającym kontekście.

Konsekwencje kulturowe i ekonomiczne

W związku z ogromnym wzrostem wykorzystania Internetu wiele osób interesuje się dokładniej jego wpływem na różnorodność kulturową i przemysł rozrywkowy. Tym samym, według Chrisa Andersona:

- Jeśli koszt magazynowania, który częściowo wpływa na koszt alternatywny, jest bardzo wysoki, to oferta produktów danej firmy, czy szerzej – sektora, jest nieuchronnie ograniczona i stanowi jedynie część długiego ogona, czyli "głowy". Dalekie od zaspokojenia aspiracji wszystkich konsumentów, te sztandarowe produkty są potrzebne i pozostawiają niewiele miejsca na różnorodność.

- I odwrotnie, gdy koszty magazynowania są niskie, "ogon" długiego ogona może być wykorzystany przez korporacje i zadowolić tych, którzy lubią popularne produkty, jak również mniejszości i osoby o mniej popularnych gustach.

Kilka przykładów pozwala nam zwizualizować ten problem ekonomiczny i kulturowy:

- przemysł książkowy

- programy telewizyjne

- przemysł muzyczny

- itp.

Dlatego, gdy koszt przechowywania jest stosunkowo niski, kanały telewizyjne, przemysł książkowy, przemysł muzyczny itp. mogą w rzeczywistości zaoferować konsumentom znacznie szerszy wybór i w rezultacie skorzystać z większej rentowności.

Niektórzy dochodzą do wniosku, że Internet sprzyja rynkowi produktów kulturowych i że era "mainstreamu" (czyli "akceptowanego przez największą liczbę" lub "nieoryginalnego") już się skończyła, ponieważ fizyczne ograniczenia wynikające z kosztów przechowywania mają tendencję do zanikania dzięki digitalizacji.

Strategia odsyłania i długi ogon

Teoria długiego ogona pozwala nam szczególnie dobrze zilustrować odnoszenie się i optymalizację pod kątem wyszukiwarek (SEO), a jest to często możliwe dzięki sprzedaży online katalogu produktów, dzięki zoptymalizowanym strategiom.

 ## CO TO JEST REFERENCJA?

Referencja oznacza wybór terminów, które mają być kojarzone z produktami. Jest ona omawiana w dwóch odrębnych kontekstach:

<u>W dystrybucji na dużą skalę</u>. Produkty są oznaczone numerami referencyjnymi w celu łatwej identyfikacji i zarządzania zapasami (zaopatrzenie, magazynowanie i wyjścia). Te numery referencyjne można zwykle znaleźć w katalogach i na półkach, aby umożliwić utrzymanie zapasów, zwykle za pomocą systemu komputerowego. Ponadto, odniesienia w dystrybucji na dużą skalę pomagają również zapewnić bardziej spójną treść i ułatwiają konwersję na sprzedaż internetową, jeśli jeszcze tak nie jest.

<u>W internecie (Search Engine Optimization)</u>. Optymalne SEO ma na celu poprawę widoczności i pozycjonowania niektórych stron w sieci. Praca ta, wymagająca stałej uwagi, opiera się na spektrum słów kluczowych, które użytkownicy mogą potencjalnie wpisać do wyszukiwarki (Google, Yahoo, itp.), aby znaleźć to, czego szukają.

Stosując koncepcję długiego ogona do polityki odnoszenia się do stron internetowych, polega to na zebraniu wszystkich słów kluczowych, które mogą prowadzić do konkretnych informacji lub tematów, głównie oczywistych i popularnych terminów, a także ich mniej popularnych, mniej konkurencyjnych i bardziej marginalnych synonimów. Indywidualnie te słowa kluczowe generują niewielki ruch, jednak ich suma wnosi więcej niż najbardziej efektywne terminy.

Dlatego ważne jest, aby uwzględnić te spostrzeżenia podczas opracowywania strategii optymalizacji pod kątem wyszukiwarek internetowych. W zależności od produktów, które chcesz wyeksponować, a tym samym słów kluczowych, które musisz z nimi powiązać, czekają Cię różne wyzwania.

- **Łatwo jest prawidłowo pozycjonować się w mniej popularnych wyszukiwaniach.** Z jednej strony generalnie szybko i łatwo jest pozycjonować się w mniej popularnych wyszukiwaniach, ponieważ użytkownik szukający czegoś konkretnego zostanie odpowiednio skierowany na strony, które prawdopodobnie odpowiedzą na jego zapytanie. To skutecznie napędza "ogon" Twojego długiego ogona.

- **Trudno jest prawidłowo pozycjonować się w konkurencyjnych wyszukiwaniach.** Z drugiej strony prawidłowe pozycjonowanie w konkurencyjnych wyszukiwaniach jest trudne, czasochłonne i kosztowne, ponieważ takie wyszukiwania nie są ukierunkowane i mogą przyciągać wszelkiego rodzaju niepewnych odwiedzających, uniemożliwiając Ci zaoferowanie odpowiedniego produktu i prawidłowe pozycjonowanie (poprzez wysokiej jakości spersonalizowaną obsługę). Istnieje wtedy duża szansa, że osoby szukające czegoś konkretnego szybko opuszczą Twoją stronę, ponieważ nie mogą znaleźć tego, czego szukają. Strategia ta pomoże Ci jednak lepiej wypozycjonować Twoje bestsellery, czyli "głowę" długiego ogona.

PRAKTYCZNE ZASTOSOWANIE

PORADY I NAJWAŻNIEJSZE WSKAZÓWKI

Zasada nr 1 – Rozbudowany katalog produktów cyfrowych

Aby wyjść naprzeciw najbardziej zmarginalizowanym potrzebom i dotrzeć do jak największej liczby konsumentów, musisz idealnie być w stanie zaoferować zróżnicowany katalog produktów cyfrowych.

Zasada nr 2 – Produkcja, przechowywanie i dystrybucja cyfrowa

- **Wspólna produkcja** polega na umożliwieniu wykonania części pracy przez klientów. Efektywne wykorzystanie danych dostarczanych przez użytkowników stanowi sedno problemów związanych z gospodarką cyfrową.

- Produkt cyfrowy nie powinien być wytwarzany w tak dużej liczbie egzemplarzy jak w przypadku **dystrybucji** fizycznej, co przedsiębiorca powinien uznać za zaletę.

- **Magazyn** cyfrowy zmniejsza większość kosztów, z jakimi spotyka się przedsiębiorca w sytuacji dystrybucji fizycznej.

Zasada nr 3 – Widoczne i dostępne produkty

Obecnie korzystanie z Internetu staje się powszechne zarówno w kontekście prywatnym, jak i zawodowym, a użytkownicy stają się bardziej przyzwyczajeni do korzystania z wyszukiwarek, co oznacza, że metodycznie wybierają słowa kluczowe, aby znaleźć poszukiwane informacje.

- **Znaczenie słów kluczowych.** Ważne jest, aby starannie i przemyślanie dobierać słowa kluczowe: zarówno te, które będą zasilać "głowę" długiego ogona, jak i drugorzędne słowa kluczowe, które będą napędzać jego "ogon". Proces ten jest długi, ale skuteczny i opłacalny.

- **Znaczenie treści.** To nie tylko liczba drugorzędnych słów kluczowych wpłynie na ruch na Twojej stronie, ale także, a prawdopodobnie przede wszystkim, Twoja treść. W rzeczywistości konkretne słowa kluczowe bez konkretnych informacji będą generować jedynie ograniczony ruch na stronach Twojej witryny.

- **Uwzględnienie ukrytych kosztów.** Należy zachować ostrożność, ponieważ era cyfrowa niekiedy wiąże się z ukrytymi kosztami. Według europejskiego badania przeprowadzonego przez Sungard (globalnego dostawcę rozwiązań IT we Francji) na grupie 150 specjalistów, koszty utrzymania firmy, licencje, oprogramowanie i nieprzewidziane koszty wynoszą średnio 597 700 euro rocznie.

Dlatego staranne ustalenie spektrum poszukiwań leksykalnych i prezentowanie wysokiej jakości treści tekstowych stało się koniecznością dla każdego, kto chce przyciągnąć klientów.

Porady i zalecenia

Aby opracować zyskowną strategię długiego ogona, musisz z powodzeniem pozycjonować się wśród dużej liczby małych, ukierunkowanych wyszukiwań. Robiąc to, sprawisz, że ruch do Twojej witryny wzrośnie. Pamiętaj o następujących wskazówkach:

myśl i gromadź konkretne terminy wyszukiwania, aby spróbować odpowiedzieć na wszystkie przyszłe wymagania użytkowników;

po zidentyfikowaniu terminów, wstaw je do treści tekstowej przyszłej witryny;

Twoje treści tekstowe muszą być wysokiej jakości: nie jest dobrze dodawać treści do witryny po prostu dla samego dodawania treści; musisz dostarczać użytkownikom wartościowych informacji, w przeciwnym razie natychmiast opuszczą Twoją stronę lub witrynę;

wybierz tytuł, który przykuje uwagę czytelnika i zmotywuje go do odwiedzenia Twojej strony;

ustal hierarchię dla swoich tytułów i akapitów;

umieść w swoim tekście odpowiednią ilość słów kluczowych;

starannie dobieraj linki do innych stron i preferuj linki wysokiej jakości, aby utrzymać wizerunek swojej witryny;

zostań "ekspertem" (w zależności od liczby odwiedzających Twoją stronę) od pisania treści z Google.

 INFORMACJE DODATKOWE

Ogólne słowa kluczowe (ogólne znaczenia obejmujące serię bardziej szczegółowych słów) są konkurencyjne i składają się z około dwóch słów. Na przykład, osoba szukająca strony dla synonimów wpisze "synonim + [słowo, którego szuka]". To wyszukiwanie pokaże tylko najczęściej używane strony.

Z kolei drugorzędne słowa kluczowe są mniej popularne, ale bardziej szczegółowe. Może to być np. wyrażenie (trzy do pięciu słów lub więcej) odzwierciedlające bardziej ukierunkowane wyszukiwanie przez użytkownika, poszukującego konkretnych treści.

STUDIUM PRZYPADKU – KSIĘGARNIA INTERNETOWA

Kontekst

Księgarnia "Y" decyduje, że biorąc pod uwagę konkurencję na rynku książek oraz koszty, jakie ponosi w związku z magazynowaniem i produkcją, korzystniej będzie stworzyć stronę internetową sprzedającą cyfrowe książki online. Zdając sobie sprawę z konkurencji już obecnej w sieci, dołoży starań, aby strona była widoczna poprzez wdrożenie optymalnej strategii SEO. Polega to na zdefiniowaniu słów kluczowych, które mają być kojarzone z witryną. Innymi słowy, zdefiniują słowa kluczowe, które użytkownik prawdopodobnie wpisze do wyszukiwarki i które doprowadzą – w sposób jak najbardziej bezpośredni – do strony z książkami Y.

Posiadanie zróżnicowanego asortymentu produktów

Aby poradzić sobie z rosnącą konkurencją sprzedaży książek w Internecie (Amazon, Fnac, Numilog, itp.), księgarnia nie ma wyboru, jak tylko zdywersyfikować się lub skierować do konkretnej grupy odbiorców. Stąd sprzedawca decyduje się na oferowanie w swoim sklepie internetowym komiksów cyfrowych, zarówno bestsellerów, jak i bardziej specyficznych komiksów.

Minimalizacja kosztów stałych

Oferując komiksy w Internecie, Y zaoszczędzi na kosztach stałych (magazynowanie, produkcja i dystrybucja – pojęcia analizowane w części "Teoria"). Niemniej jednak, powinni oni wziąć pod uwagę ukryte koszty związane ze sprzedażą online:

- koszty konwersji lub digitalizacji plików

- koszty przechowywania danych cyfrowych

- koszty zabezpieczenia terenu

- opłaty prawne związane z dostosowaniem umów wydawniczych.

Inne koszty pojawią się później, takie jak utrzymanie strony internetowej, aktualizacje itp.

Widoczność

Księgarz powinien starannie dobrać swoje słowa kluczowe, biorąc pod uwagę, że im bardziej są one ogólne (takie jak "książki" lub "sprzedaż", lub słowa kluczowe, które ludzie chcą zobaczyć, takie jak "bestseller"), tym bardziej prawdopodobne jest, że zgubią się w strumieniu informacji. Te ogólne słowa kluczowe stanowią jedynie około 20% całego ruchu generowanego przez wyszukiwarki. Jeśli jednak zostaną dobrane w nieco bardziej ukierunkowany sposób (zgodnie z działalnością sprzedawcy), będą bezpośrednio stanowić ponad 20%. Aby odróżnić księgarnię od dużych firm sprzedających książki w sieci, będą one musiały dobrać słowa kluczowe specyficzne dla zawartości witryny i postawić się w pozycji internautów poszukujących konkretnych informacji.

Poza doborem słów kluczowych, księgarnia będzie musiała również zoptymalizować zawartość tekstową strony, aby była ona atrakcyjna, ciekawa, istotna i szczegółowa. Robiąc to, będzie zasilać "ogon" długiego ogona (sektora). Na przykład, wybiorą stronę główną, która zawiera określone treści tekstowe, aby dopasować się do konkretnych użytkowników wyszukiwarki. Należy pamiętać, że niektóre części tej treści nie będą początkowo brane pod uwagę przez osoby używające słów kluczowych, a to wygeneruje jedynie "jałowy" ruch. Z drugiej strony istnieje duża szansa, że pojawią się niektóre słowa, o których księgarz nie pomyślał jako o słowach kluczowych.

Księgarz będzie musiał przejść przez kilka etapów, zanim zaoferuje produkt cyfrowy.

1. Strukturyzacja informacji w widoczny i spójny sposób, aby przyciągnąć uwagę odwiedzającego.

2. Wybrać słowa kluczowe, wokół których będą się pozycjonować (synonimy, wyrażenia itp.). Mogą nawet zdecydować się na przeprowadzenie badania prospektywnego, przechodząc szkolenie z obsługi wyszukiwarek, aby znaleźć konkurencję na rynku komiksów.

3. Twórz wysokiej jakości treści tekstowe, w których będą pojawiać się wybrane słowa i frazy kluczowe.

Tymczasem produkt oferowany odwiedzającym musi być na tyle zróżnicowany, aby mógł trafić do zróżnicowanej grupy odbiorców.

ZNACZENIE

OGRANICZENIA I KRYTYKA

O ile analiza Chrisa Andersona dotycząca sektora kultury była zachwalana i promowana przez tych, którzy podobnie jak on przeczuwali korzystny i atrakcyjny dla sektora wynik, o tyle prawda faktów i różnych analiz zaprzeczałaby lub przynajmniej kontekstowała jej zasadność i konsekwencje dla struktury rynku.

Nawet dzięki Internetowi długi ogon nie generuje większej sprzedaży niż wcześniej

Will Page, dyrektor Spotify, przeanalizował sprzedaż muzyki online. Zauważył, że z 13 milionów dostępnych tytułów, 10 milionów nie generuje żadnej sprzedaży; 8% sprzedaży pochodzi z 40 tytułów, a 3% wszystkich sprzedanych tytułów wygenerowało 80% obrotu. Według niego i w świetle jego analizy, gospodarka bestsellerami jeszcze się nie skończyła.

Przychody z bestsellerów pozostają znacznie powyżej przychodów z "ogona" długiego ogona

Pierre-Jean Benghozi i Françoise Benhamou, francuscy ekonomiści, również zajęli się tym zagadnieniem. Przeanalizowali oni sprzedaż płyt CD i DVD online. Z badania tego wynika, że pojawia się efekt długiego ogona, ale jest on tak powolny, że wydaje się, że prawie nie jest w stanie zachwiać znaną wszystkim strukturą rynku. W rzeczywistości mniej niż 10% produktów muzycznych stanowi ponad 90% sprzedaży, a dziesięć najbardziej skomercjalizowanych tytułów jest w stanie zwiększyć swój udział w całkowitych przychodach.

Główna krytyka pochodzi jednak od Anity Elberse (profesor ekonomii na Harvardzie, rocznik 1973), która po dziesięciu latach badań i analiz rynków kultury i rozrywki zdołała wykazać, że jest inaczej. Według niej Internet nie zrewolucjonizował relacji między jednostkami i różnorodności kulturowej, a wręcz przeciwnie – stwierdza, że bestsellery dyktują rynek bardziej niż kiedykolwiek wcześniej. To zatem "głowa", a nie "ogon", jest najpotężniejsza w erze Internetu. W swojej książce *Blockbuster* (2013) dr Elberse ilustruje swoje stwierdzenia na przykładzie przemysłu filmowego, wyjaśniając dalej, że jeśli inwestycje finansowe w bestsellery są tak ogromne (a więc ryzykowne), to tylko po to, by chronić przed nieodłącznym ryzykiem tak niepewnego rynku. Wydaje się to nieco trudne do uwierzenia.

 ## PRZEMYSŁ KINOWY

Produkcja jednego filmu kosztuje 10 mln dolarów, a innego 100 mln dolarów. Cena, jaką zapłaci konsument, będzie dokładnie taka sama, niezależnie od kosztów produkcji filmu fabularnego: obejrzenie filmu w kinie nie będzie mniej lub bardziej kosztowne niż zakup DVD. Zatem, logicznie rzecz biorąc, film o najtańszych kosztach produkcji (10 milionów dolarów), powinien zyskać największy zwrot: co więcej, studio produkcyjne może sobie pozwolić na wyprodukowanie 10 filmów zamiast jednego przy budżecie 100 milionów dolarów. Jak można sobie wyobrazić, że ta sytuacja może się odwrócić na korzyść blockbusterów?

Anita Elberse wspiera tę myśl, rozwijając przypadek wytwórni Warner Bros., która praktycznie produkuje tylko blockbustery (*Harry Potter*, *Sherlock Holmes* itp.) i dla której "niepodejmowanie ryzyka" jest ryzykiem. Opierając swoją strategię na wielkich produkcjach, stała się pierwszym studiem filmowym, które przez 11 lat z rzędu przekraczało miliard dolarów w amerykańskim box office.

Aby przedstawić przeciwną strategię, ekspert skupia się na przypadku sieci NBC Universal, kierowanej wówczas przez Jeffa Zuckera (ur. w 1965 r.) i Bena Silvermana (ur. w 1970 r.). Chcąc zmaksymalizować zyski poprzez strategię redukcji kosztów i ryzyka, szybko doświadczyli porażki ich firmy. Odwracając się od wielkich produkcji z aktorami światowego kina czy producentami po kolosalnych cenach, jednocześnie starając się zapewnić łańcuch przychodów, NBC zaczęło spadać na boczny tor. Ten brak ambicji i funduszy, a także brak podejmowania przez nich ryzyka, doprowadził do braku zainteresowania specjalistów z branży i ich spadku w rankingu, z pierwszej pozycji na czwartą.

Następnie autorka rozszerza swoje myślenie na inne dziedziny i stara się wykazać, że zjawisko się powtarza. Według niej nie ma wątpliwości: to właśnie bestsellery generują zyski i zapewniają większość finansowej rentowności sprzedaży. Dziś nawet firmy wyznające teorię długiego ogona zaczynają poddawać się nieporównywalnej logice blockbusterów; tak jest w przypadku Netflixa czy Amazona. Biorąc pod uwagę imponujące wyniki sprzedaży konkurentów, którzy przyjęli tę strategię, wielu z nich zmienia kierunek swoich analiz.

POWIĄZANE MODELE I ROZSZERZENIA

W tej części znajdują się trzy modele związane z teorią długiego ogona. Po kilkukrotnym wymienieniu ich w odniesieniu do teorii długiego ogona, rozwinięto dalej zasadę Pareto oraz model ABC, który jest możliwą odpowiedzią na nią.

Oczywiste jest, że wszystkie modele dystrybucji nie mogą być zredukowane do tych trzech modeli i że istnieją inne modele.

Zasada Pareto

Najbardziej znanym związanym z tym modelem jest zasada Pareto, zwana również zasadą 80-20. Podobnie jak teoria długiego ogona, zasada Pareto jest wykorzystywana jako narzędzie rozwoju strategii sprzedaży i marketingu, ale także jako narzędzie statystyczne. W tym kontekście skupimy się na pierwszym zastosowaniu.

I tak, zgodnie z zasadą Pareto, "80% efektów jest produktem 20% przyczyn", co na język biznesowy można przetłumaczyć jako "20% produktów generuje 80% sprzedaży" lub "20% klientów generuje 80% sprzedaży". Mimo swojego uniwersalnego charakteru, zasada ta nie została naukowo potwierdzona we wszystkich dziedzinach. Niektórzy uważają na przykład, że jest tak, iż tylko 20% klientów generuje 80% obrotów. Poza tą obawą o dokładność, zasada 80-20 musi być dostosowana do branży i działu firmy, w której jest stosowana.

Ponadto zasada ta budzi obawy dotyczące efektywności. Jeśli 80% produktów – najmniej sprzedawanych – generuje jakiś przychód, przypuszczalnie 20%, to można go zwiększyć, jeśli koszt alternatywny zostanie znacznie obniżony. To właśnie eksponuje Chris Anderson w teorii długiego ogona.

Model ABC

Model ABC dostarcza dodatkowej perspektywy. Zakłada on, że zasada Pareto ignoruje warstwy pośrednie, dlatego trudno jest ocenić ich znaczenie.

Model ABC klasyfikuje efekty na trzy kategorie. W ten sposób uwzględniane są nawet mniej opłacalne warstwy.

- Kategoria A: 20% klientów generuje 80% sprzedaży.

- Kategoria B: 30% klientów generuje 15% sprzedaży.

- Kategoria C: 50% klientów generuje 5% sprzedaży.

Strategia "Blockbuster"

Taką sprawę przedstawia Anita Elberse, według której blockbustery są źródłem większości obrotów na rynku kultury i rozrywki.

WNIOSEK

Model Chrisa Andersona jest przedstawiony jako uzupełnienie zasady Pareto i modelu ABC. W przypadku zastosowania do konkretnego rynku, długi ogon faktycznie rozwija teorię równolegle do tych dwóch modeli, nie dyskredytując ich.

Natomiast teoria Anity Elberse krytykuje teorię długiego ogona i kwestionuje jej trafność.

PODSUMOWANIE

- Teoria długiego ogona to model statystyczno-ekonomiczny stworzony i wprowadzony w 2004 roku przez Chrisa Andersona w kontekście sektora cyfrowego.

- Model ten jest możliwy dzięki rozwojowi technologii, a w kontekście sprzedaży dóbr lub usług cyfrowych staje się wykonalny, ponieważ koszty produkcji, przechowywania i dystrybucji są niskie lub żadne.

- Uzupełniająca zasadę Pareto teoria długiego ogona zakłada, że w tym konkretnym sektorze najpopularniejsze produkty to niekoniecznie te, które generują największe obroty.

- Według Chrisa Andersona, wykorzystanie "ogona" długiego ogona daje możliwość uzyskania rentowności w długim okresie.

- Dr Anita Elberse dementuje model Chrisa Andersona. Po 10 latach badań twierdzi, że nawet w epoce Internetu blockbustery dyktują rynek kultury i rozrywki.

- Oprócz teorii długiego ogona istnieją inne modele, które reprezentują inne systemy dystrybucji: w szczególności zasada Pareto i model ABC.

- Model długiego ogona może być stosowany jako element strategii SEO w internecie. Rada: pozycjonowanie się na mniej konkurencyjnych i bardziej specyficznych rynkach pozwala korzystać z pozytywnych efektów long tail SEO.

DALSZE CZYTANIE

BIBLIOGRAFIA

Anderson, C. (2012) *The Long Tail: Why the Future of Business Is Selling Less of More*. Paris: Flammarion.

Andrieu, O. (2008) Pourquoi la notion de « Longue Traîne » est-elle nécessaire dans une stratégie de référencement ? *Abondance*. [Online]. [Dostęp 21 kwietnia 2015]. Dostępny w: < http://docs.abondance.com/question123.html>.

Avenier, M. (2014) La longue traîne une stratégie de référencement. *Le guide*. [Online]. [Dostęp 21 kwietnia 2015]. Dostępny w: < http://www.abime-concept.com/blog/2014/03/27/la-longue-traine-une-strategie-du-reference-ment/>

Benghozi, J-P. i Benhamou, F. (2008) Longue traîne : levier numérique de la diversité culturelle. *Culture prospective*. [Online]. [dostęp 21 kwietnia 2015]. Dostępny w: < http://www2.culture.gouv.fr/deps/fr/traine.pdf>.

Bloquet-Prevost, C. and Manneval, M. (2014) Exploitation des données fournies par les utilisateurs : l'enjeu de l'économie numérique. *Revue Sorbonne*. [Online]. [dostęp 21 kwietnia 2015]. Dostępny w: < http://www.univ-paris1.fr/fileadmin/diplome_M2OFIS/OFIS_2013-2014/Articles/article_Revue_OFIS_mars_2014_Bloquet-Prevost_Manneval.pdf>.

Cassini, S. (2015) Les coûts cachés du cloud. *Les Échos*. [Online]. [Dostęp 21 kwietnia 2015]. Dostępny w: < http://www.lesechos.fr/journal20150331/lec2_high_tech_et_

medias/0204266382278-les-couts-caches-du-cloud-1106920.ph>

Delers, A. (2014) *Zasada Pareto*. Bruksela: Lemaitre Publishing.

InfoWebMasterRéférencement. (2008) *Longue traîne*. [Online]. [Dostęp 21 kwietnia 2015]. Dostępny w: < http://www.infowebmaster.fr/40,news-referencement-longue-traine.html>.

Jimdo. (2013) *5 conseils pour rédiger des textes optimisés pour Google*. [Online]. [Dostęp 21 kwietnia 2015]. Dostępny w: < http://fr.jimdo.com/2013/12/27/5-conseils-pour-r%C3%A9diger-des-textes-optimis%C3%A9s-pour-google/>

Lacomblet, D. (2014) Internet. La longue traîne n'a-t-elle pas toujours été qu'une utopie ? *Slate Reader*. [Online]. [Dostęp 21 kwietnia 2015]. Dostępny w: < http://www.slate.fr/tribune/84585/longue-traine-blockbusters>.

Le Cam, N. (2013) La longue traîne, l'atout de votre SEO. *LunaWeb*. [Online]. [Dostęp 21 kwietnia 2015]. Dostępny w: < http://blog.lunaweb.fr/seo-longue-traine/>

Mataf.net. (Bez daty) *Définition coût d'opportunité*. [Online]. [Dostęp 21 kwietnia 2015]. Dostępny w: < https://www.mataf.net/fr/edu/glossaire/cout-d-opportunite>.

Wifeo. (Bez daty) *Qu'est-ce que la longue traîne (ou long tail)*. [Online]. [Dostęp 21 kwietnia 2015]. Dostępny w: < http://www.wifeo.com/documentation-77.html>.

DODATKOWE ŹRÓDŁA

Afuah, A. (2014) *Innowacja modelu biznesowego: Koncepcja, analiza i przypadki*. New York: Routledge.

Elberse, A. (2013) *Blockbusters*. New York: Henry Holt books.

Blog Chrisa Andersena. http://www.longtail.com/

MASLOW'S
HIERARCHY
OF NEEDS
Personal accomplishment
Esteem
Belonging
Security
Physiologic
THE SWOT
ANALYSIS
Strengths
Weaknesses
SWOT
Opportunities
Threats

Master ISBN : 9782808066600
Papierowy ISBN : 9782808099851
Depozyt prawny: D/2022/12603/160

Projekt cyfrowy: Primento – cyfrowy partner wydawców.